AF371991

Guía infantil de
MADRID

Lucía Martín

Guía infantil de
MADRID

Ilustrado por
Amparo Duñaiturria

EDICIONES TOROMÍTICO
Colección «Guía infantil»

www.toromitico.com
Síguenos en @toromiticolibros

Parque Logístico de Córdoba. Ctra. Palma del Río, km 4
 C/8, Nave L2, n° 3. 14005, Córdoba

Director Editorial: Óscar Córdoba

Imprime: Gráficas La Paz
ISBN: 978-84-19962-50-8
Depósito Legal: CO-1014-2025
Hecho e impreso en España - *Made and printed in Spain*

A mi madre, que se marchó este año y
espero que sea muy feliz allá donde esté.

A mis hijas, Lola y Laia, mentes inquietas
y trotamundos: viajad, viajad mucho, a
ser posible, ligeras de equipaje.

Y como el prota de esta guía es un minino, a mis gatas, las que marcharon y las
que están, Luna y la pequeña Lilly.

«La vida es una estación,
inútil deshacer las maletas».

MARINA TSVETÁYEVA.

Introducción

¡¡¡Hola!!! ¿Qué tal? Soy Michi Pichi, el gato más castizo y más chulo de Madrid.

En esta guía te llevaré de la mano, y no solo por los tejados, para que descubras cosas de **Madrid** que nunca imaginarías: una finca con burros a los que puedes alimentar; yacimientos arqueológicos en los que puedes imitar a Tadeo Jones; un garaje lleno de grafitis en el que podrás pintar y ser un grafitero por unas horas; una sesión de cine de verano acompañado de científicos locos, o un lugar extraordinario desde el que contemplar la Luna con telescopios gigantes.

Porque Madrid propone mil y una aventuras para los más pequeños que a veces son poco conocidas. Pero además, con este libro aprenderás muchas cosas de esta magnífica ciudad, como su vocabulario típico (¿sabes lo que es una parpusa?), dónde comer la mejor napolitana de chocolate o por qué a los madrileños les llaman gatos. Que es la razón por la que yo soy tu guía en este recorrido miualucinante.

¿Me acompañas en este viaje? Venga, vamos.

IMPERDIBLES:
Estos son los planes que no debes perderte

Como no eres un minino, no puedes encaramarte en tejados y alféizares de ventana para verlo todo muy bien. Porque a los gatos nos gustan las alturas para verlo todo con detalle. Por eso vamos a contarte en estas páginas cuáles son los imperdibles de Madrid.

Un imperdible se utiliza en costura para enganchar prendas. Pero como es una palabra polisémica, o sea, con distintos significados, también se refiere a algo que no te puedes perder porque mola mazo.

Y, ¿cuáles son los planes imperdibles, los que no debes perderte si vives o visitas Madrid? Ahí van.

■ Planes callejeros cuando hace buen tiempo

Madrid no tiene playa pero sí barcos: uno de ellos (hay otro más pero eso lo descubrirás en otro capítulo) surca las aguas de un lago céntrico muy conocido y además, se mueve con energía solar. Página 21.

■ Planes de interior cuando llueve o hace frío

¿Se puede tocar en un auditorio con instrumentos de juguete, interpretando música clásica o las canciones de Bob Esponja? Pues sí y es un planazo que descubrirás en la página 29. En este mismo capítulo te cuento que también puedes acampar por una noche en uno de los museos más espectaculares de Madrid, ¿se moverán las estatuas y los dinosaurios como en la famosa peli *Noche en el museo*?

■ Aventura en la naturaleza: parques y zonas verdes

Puentes colgantes y lianas para colgarte como si fueras un mono. Cascadas de más de 30 metros de altura o una finca de olivos que nunca dirías que está en medio de la ciudad. Descúbrelo en la página 41.

■ Planes por cero euros: divertirse y aprender es gratis

Telescopios gigantes para mirar el cielo y descubrir planetas lejanos, cine con científicos locos, pasear por el parque en un trenecito… y todos estos planes son… ¡gratis! Página 51.

■ Atención: zona de bichos

¿Te gustaría anillar aves y aprender miles de cosas sobre ellas? Puedes hacerlo en uno de los jardines más impresionantes de la capital. Página 61.

■ Trampantojos y grafitis: ruta por el Madrid artístico

¿Quieres convertirte en grafitero por unas horas? En la Fundación Masaveu puedes hacerlo: tienen un garaje chulísimo repleto de arte urbano donde tú podrás crear la tuya. Página 67.

■ Planes fuera de Madrid

Si quieres ser arqueólogo por unas horas, descubrir qué animales vivían en la ciudad hace 14 millones de años y buscar fósiles, este es tu plan. O a lo mejor lo que más te apetece es tirarte por un tobogán gigante y dejarte arrastrar por un río rápido… Fuera de la ciudad se pueden disfrutar de aventuras la mar de divertidas. Página 73.

■ Ñam ñam: dónde merendar, comer, cenar.. rico rico

En Madrid puedes comer en un restaurante que es como el circo, sentado en un columpio o con una jirafa mirándote la coronilla. También hay un sitio donde probar huevos de avestruz y carne de cocodrilo. Echa un ojo a la página 83.

■ Calendario: fiestas y festivales que no puedes perderte

Mayo es el mes de los gatos, así es como se conoce a los madrileños, que este mes celebran sus fiestas. Rosquillas, limonadas y verbenas en las que pasártelo pipa. En diciembre, la ciudad se engalana por Navidad y en enero, ¡vienen los Reyes con su espectacular Cabalgata en el Paseo de la Castellana! Página 89.

¿Por qué los llaman GATOS?
Curiosidades de Madrid

Madrid se divide en 21 distritos y cada uno tiene diferentes barrios. En el centro están los monumentos más populares: el **Palacio Real, la Puerta de Alcalá, el palacio de Cibeles, la fuente de Neptuno, la de Cibeles...** La M-30 es la carretera que separa esa almendra central del resto de distritos. Por cierto, ¿de dónde viene el nombre de la ciudad? Hay varias versiones, una de ellas dice que el nombre viene del árabe *Mayrit*, que vendría a su vez de la palabra *matrich* que significa matriz de aguas o manantial. Madrid tuvo en su día una muralla árabe, aún se conservan restos, y esto guarda relación con lo de los gatos que te voy a contar en nada...

El gentilicio de Madrid es madrileños/as pero a los de Madrid también se les llama **gatos y gatas** aunque no todos los que viven en Madrid lo son. ¿Qué hay que tener para ser un gato de verdad? Para ser gato, tu padre y madre deben haber nacido en Madrid, y los abuelos paternos y maternos, también. Eso es lo que se considera un gato de pura cepa y te aseguramos que no es fácil encontrarlo (ya sabes que somos muy escurridizos), porque Madrid es una ciudad muy acogedora y... ¡casi nadie es de aquí!

Pero, ¿por qué gatos y no tigres o unicornios? Dicen que hace muchos años, en la lucha entre cristianos y musulmanes por hacerse con el control de la capital, un joven cristiano reptó por la muralla para pasar del otro lado y así abrir las puertas a sus compañeros. Y los que le vieron decían que «trepaba como un gato». De ahí viene lo del minino, ¡miau!

■ La parpusa y el vestido chiné

Los madrileños tienen sus fiestas más grandes en mayo (página 90), cuando se celebra el día de San Isidro, patrón de la ciudad. En las semanas anteriores ya pueden verse a chulapos y chulapas en las calles, vestidos con los trajes típicos que se componen de vestido chiné para ellas, acompañado del mantón de manila sobre los brazos y el pañuelo en la cabeza con clavel rojo. Y los chicos tienen que llevar chaleco de pata de gallo (que también se llama Gabriel); camisa blanca impecable (se la conoce también como babosa); pantalón (llamado alares) y clavel en la solapa.

Imprescindible en el traje de los chicos, la gorra, que es conocida como parpusa. Y con este elegante atuendo van todos a bailar el chotis, el baile típico. ¿Has visto cuántos nombres curiosos tiene el traje?

◼ Viaja a Egipto sin salir de la ciudad

En Madrid hay un pequeño rincón de Egipto desde el que además se ven unos atardeceres preciosos. Es el **Templo de Debod**, que fue un regalo del pueblo egipcio a España por ayudarles a salvar unos templos en su país. Pero, ¿cómo trajeron este templo hasta aquí? ¡En cajas! Lo desmontaron como un Lego, piedra a piedra, y luego hubo que volver a montarlo. Para recordar el río Nilo, se puso un estanque a su alrededor.

◼ El pirulí

Madrid tiene otro monumento muy conocido, Torrespaña pero que todo el mundo llama el Pirulí y que algunos niños pequeños llaman el Chupa Chups. Es una torre de telecomunicaciones, se construyó en los años ochenta y mide 220 metros: ¡si la miras desde abajo marea!

Por supuesto, la ciudad también tiene casas encantadas y ¡fantasmas! Y se les ve todo el año, no hay que esperar a Halloween. Una de las casas encantadas es la de las Siete Chimeneas, donde habita el fantasma de la Dama Elena. Pero sin duda, uno de los fantasmas más famosos es Raimunda, que vive en el palacio de Linares, sede de Casa América. Si quieres conocer su historia, puedes apuntarte a una de las visitas guiadas que se hacen en el cementerio de La Almudena: allí podrás ver, entre otros, el panteón de esta familia. Por cierto, es el cementerio más grande de Europa occidental y también tiene una colonia de gatos… ¡estamos por todas partes!

Más info en

visitascementerioalmudena.
sfmadrid.es/visitas-guiadas/

A estas alturas ya sabrás muchas cosas de Madrid: busca en esta sopa de letras 12 palabras relacionadas con la capital.

Barquillo, Raimunda, Rosquillas, Chulapa, Castizo, Gato, Verbena, Parpusa, Limonada, Chiné, Chotis, Mayrit

M	C	R	O	S	Q	U	I	L	L	A	S
C	H	A	G	A	T	O	V	B	E	C	L
H	U	I	B	Q	M	B	I	V	Y	L	R
O	L	M	R	A	P	A	A	B	Y	F	K
T	A	U	I	V	R	A	Y	F	Z	R	D
I	P	N	T	C	E	Q	R	R	C	D	R
S	A	D	M	Y	A	R	U	P	I	F	J
G	I	A	P	L	O	S	B	I	U	T	O
P	D	S	J	A	S	R	T	E	L	S	B
L	I	M	O	N	A	D	A	I	N	L	A
Q	M	F	T	F	S	B	R	K	Z	A	O
X	C	H	I	N	E	H	U	O	N	O	P

PLANES CALLEJEROS cuando hace buen tiempo

A los gatos nos gusta el sol y el calorcito: en invierno nos pegamos al radiador y en primavera y verano, ¡nos verás al lado de la ventana, disfrutando de los rayos del sol!

¿A ti también te gusta? Lógico: por eso vamos a darte **seis planes chulísimos para hacer en la calle cuando hace bueno**.

Eso sí: Madrid es una ciudad un poco extrema, en invierno hace mucho frío y en verano, ¡mucho calor! Así que **no olvides la gorra, una botella de agua y crema solar**.

■ Súbete en un barco en el centro de Madrid

Vaya vaya, aquí no hay playa… Era una canción muy famosa de los años ochenta que se burlaba de que Madrid no tiene playa (es verdad, no tenemos). Pero a pesar de no tener el mar al lado, ¿sabes que puedes subirte a un barco y navegar en pleno centro de la capital? Podrás hacerlo en el estanque de El Retiro, uno de nuestros parques más famosos. Lo más solicitado allí son las barcas, que siempre tienen unas colas enormes cuando llega el buen tiempo, pero también está el Barco Solar que, como su nombre indica, utiliza la energía del sol para funcionar. Para subir no tendrás la misma cola que con las barcas y el paseo dura alrededor de 15 minutos. Por cierto, justo al lado del estanque hay una colonia de mininos como yo, de hecho se la conoce como colonia Retiro. Si los ves desde el barco, ¡salúdales de mi parte! Miauuuu.

> **PARQUE DEL RETIRO.**
◈**Metro: Retiro.**

Paseo en bici por Matadero y Madrid Río

Madrid Río es una zona preciosa en la que puedes hacer muchísimas actividades (te contamos sobre ella con más detalle en el capítulo de parques y zonas verdes) y justo al lado hay una serie de edificios muy grandes que se llaman Matadero, un centro cultural donde también pasan muchas cosas a lo largo de todo el año. Allí hay una escuela de bici donde puedes alquilar una para dar una vuelta por las instalaciones, en paseos más largos o más cortos. Las hay muy divertidas además, tipo coche de los Picapiedra, con dos plazas, que podrás conducir con un adulto.

> **PLAZA MATADERO. LOCAL BICIS MOBEO.**
◈**Metro: Legazpi.**

Chorros de agua parque Santander

Ya lo hemos dicho, no hay mar en Madrid pero sí hay zonas de chorros de agua para que mayores y pequeños puedan refrescarse en verano. El parque Santander en el barrio de Chamberí merece mucho la pena: hay zonas verdes, muchos juegos para divertirte, rocódromo y por supuesto, divertidos chorros de agua en los que remojarte. ¡No olvides el bañador y la pistola de agua!

PARQUE SANTANDER (AVDA. FILIPINAS, 11).
◈ **Metro: Islas Filipinas o Río Rosas.**

■ Madrid desde lo alto

A los gatos nos gustan mucho las alturas: siempre que podemos, nos subimos a un mueble de la casa para verlo todo desde arriba. En la ciudad tienes muchas azoteas y miradores desde los que los coches y los peatones te parecerán pequeñísimos. Una que mola mucho es Mirador Madrid, en lo alto del Palacio de Cibeles (que antes se llamó Palacio de Telecomunicaciones). Este edificio, del arquitecto Antonio Palacios, es uno de los más impresionantes que tiene la ciudad (parece una catedral) y te gustará mucho disfrutar de las vistas desde las alturas.

> **MIRADOR MADRID.**
◈ **Metro: Banco de España.**

Más info en

https://www.centrocentro.org/centrocentro/ espacios/ mirador-madrid

■ Súbete a un tren como en el que viaja Harry Potter

¿Te gustan los trenes? ¿Te gustaría subirte a uno como el que lleva a Harry Potter a Hogwarts? Hay una estación muy especial, que estuvo en funcionamiento hasta 1984, pero que ahora es un museo,

Más info en

https://www.museodelferrocarril.org/

el Museo del Ferrocarril. Hay trenes de todas las épocas, tienen incluso trenes de vapor y en algunos podrás subirte para ver cómo son por dentro… ¡te parecerá que viajas en el tiempo! Además, hay salas con maquetas animadas, relojes de estaciones y el edificio es impresionante, con techos altísimos. Es un sitio muy especial en el que aprender cosas muy chulas sobre los trenes.

Recomendación gatuna:

Una peli que me gustó mucho, que tiene que ver con los trenes y con la Navidad es *Polar Express*. Si no la has visto aún, ¡no lo dudes!

> MUSEO DEL FERROCARRIL. PASEO DE LAS DELICIAS, 61.
◆ Metro: Delicias.

■ Detectives de la naturaleza

Sabemos que te gusta jugar a los detectives, buscar pruebas y huellas: a los gatos también nos gusta, solemos meternos por todos los rincones buscando nuevas aventuras. Por eso tienes que ir al taller Espías de la primavera (que, como su nombre indica, tiene lugar solo en primavera) en el Jardín Botánico. Podrás observar de muy cerca, con una lupa, las flores, los insectos…

Más info en

https://rjb.csic.es/

> REAL JARDÍN BOTÁNICO.
◆ Metro: Banco de España o Atocha.

Hay muchísimos otros planes que puedes hacer fuera de casa cuando hace buen tiempo: en la página 41 donde te hablamos de parques, jardines y zonas verdes de la capital encontrarás muchos más.

■ Actividad fresquita

Hace un calor que te derrites… Hasta yo, que adoro el calor, me paso el día adormilado… ¿qué tal si hacemos una actividad refrescante y divertida como hacer polos caseros? Es muy fácil.

Necesitarás moldes de polos, leche (o la bebida vegetal que más te guste), azúcar o miel. Puedes añadir colorante alimentario si tienes, los polos azules o verdes son muy divertidos. Mezcla todo bien, lo metes en los moldes y al congelador. Tras unas 3 o 4 horas tendrás unos polos de leche deliciosos.

También puedes hacer **flash casero**, mucho más saludable que los que hay en las tiendas porque no tendrán conservantes ni aditivos artificiales.

Necesitarás un bol de la fruta que más te guste (mis dueñas suelen hacerlo con fresas y con cerezas), agua y moldes.

Preparación: tritura la fruta en un bol. Cuando ya esté, añade un poco de agua (basta un chorrito) y pásalo a los moldes. No los llenes completamente porque en el congelador los líquidos se expanden.

Este polo no necesita azúcar porque ya lleva la fruta pero si quieres ponerle un poco, te recomendamos entonces que hiervas el agua en la que habrás diluido el azúcar. Con dos o tres minutos de hervido basta. Y esa es la mezcla que deberías añadir al bol de frutas triturado.

¡Que aproveche!

PLANES DE INTERIOR cuando llueve o hace frío

Brrrr, es invierno, hace frío y apetece estar en un sitio calentito, protegidos de la temperatura exterior. **Madrid ofrece un montón de planes de interior la mar de divertidos**: desde talleres en los que te convertirás en detective de las constelaciones del cielo, conciertos de música con instrumentos de juguetes e incluso, acampadas nocturnas en el Museo de Ciencias Naturales como en la peli Noche en el Museo… **¡Madrid es la ciudad de los planes molones!**

◼ Una orquesta que toca con…
¡instrumentos de juguete!

El Auditorio Nacional (un edificio preciosísimo) acoge un concierto excepcional, único, singularísimo, maravilloso… no tengo palabras en lenguaje humano ni en minino para clasificar esta experiencia, de verdad. *Música y juguetes* es un concierto único, suele ser en enero, en el que la orquesta toca con sus instrumentos tradicionales (los violines, el violonchelo, la flauta, el piano…) pero también, ¡con instrumentos de juguetes! Cada experiencia es única, tienen cabida hasta temas rockeros tocados con guitarras eléctricas. Disfrutarás de música clásica pero sobre todo, ¡de canciones infantiles! No te lo puedes perder, saldrás como en una nube.

Más info en

https://www.grupotalia.org/musicayjuguetes/

> **AUDITORIO NACIONAL. C/ PRÍNCIPE DE VERGARA, 146.**
◆ **Metro: Cruz del Rayo y Prosperidad.**

Seguro que has visto las películas de *Noche en el Museo*, en la que el guarda de seguridad vive todo tipo de aventuras con los personajes del museo que cobran vida gracias a una tabla egipcia: los dinosaurios, las estatuas, los cavernícolas…. ¿Sabes que en Madrid puedes pasar también una noche en el Museo de Ciencias Naturales? Habitualmente es una actividad que se propone a colegios pero una vez al mes, entre octubre y junio, el museo la organiza también para familias. Se puede dormir bien en el edificio de Biología (acampada animales) o en el de Geología (acampada dinosaurios). Tienes que ir acompañado de un adulto, os lleváis un picnic, una cantimplora, saco de dormir, esterilla… ¡una acampada de verdad! Empieza a las 20 horas, hay actividades hasta la hora

Más info en

https://www.mncn.csic.
es/es/visita-el-mncn/
educacion/cuentame-como-
dedicarme-la-ciencia

31

de la cena y después, más actividades siempre relacionadas con el edificio donde se pasa la noche. Por la mañana y tras una noche la mar de emocionante (¿te imaginas que el calamar gigante, por ejemplo, uno de los habitantes de este museo tan chulo, ha cobrado vida como en la peli y ha ido dando paseos por las distintas salas?), desayunarás y se da por terminada la actividad.

> **MUSEO DE CIENCIAS NATURALES. C/ JOSÉ GUTIÉRREZ ABASCAL, 2.**
◆ **Metro: Gregorio Marañón.**

Recomendación gatuna:

Si bicheas por la web del Museo de Ciencias Naturales (si el museo te deja con la boca abierta, su web también), encontrarás una sección dirigida a los peques que es FLIPANTE. Hay canciones y audiocuentos, te va a encantar y vas a seguir aprendiendo un montón.

■ Los coches de bombero más molones

Pero, ¿a quién no le gustan los coches de bombero? Son alucinantes: con su color rojo, las escaleras, la sirena… ¡Que levante la mano quien quiera subirse a uno! En el Museo de bomberos descubrirás muchísimas cosas sobre el trabajo de estos profesionales y cómo ha ido evolucionando a lo largo de los años. ¡no te pierdas

Más info en

https://madrid.es/
MuseoBomberosMadrid

la exposición de los vehículos, los hay súper antiguos! Las visitas tienen que reservarse con antelación y son gratuitas.

> **MUSEO DE BOMBEROS. C/ BOADA, 4.**
◈ **Metro: Buenos Aires.**

■ ¡Descubre la casa del Ratoncito Pérez!

¿Se te mueve un diente? ¡Quién no conoce al archimegafamoso Ratoncito Pérez! Es quien se encarga de recoger los dientes cuando se caen y a cambio, nos deja un regalito o una moneda bajo la almohada. Tiene muchos ayudantes, como sucede con Papá Noël, el Ratoncito no está solo y opera en diferentes países donde adopta distintos nombres. En algunos incluso son las hadas, las de los dientes, las que se encargan de la tarea de recoger tooooodos esos dientes que se caen porque, ¿cuántos dientes tenemos al final? ¿se caen todos? ¿y qué hará el

Ratoncito Pérez con esos dientes? ¿¿ joyas o polvo mágico de hadas??
Ay cuántas preguntas, ¿verdad? Pues bien, podrás saber todo eso
y mucho más en la Casa Museo del Ratón Pérez que está… ¡en
el centro de Madrid!!! Allí conocerás la historia del ratoncito más
famoso, con permiso de Mickey Mouse, y conocerás su verdadera
casa, situada no muy lejos de la Puerta del Sol.

Allí vive el ratoncito en una gran caja de galletas. Pero no vive
solo, qué va: con él viven su esposa Katalina y sus tres hijos, Adelai-
da, Elvira y Adolfito.

Este museo te molará cantidad: podrás ver el despacho del Ratoncito Pérez con todas sus guías de viaje (es un ratón muy viajero,
tiene que recoger dientes por todos los países), el buzón de correos
a través del cual los niños y niñas se comunican con él y un montón
de detalles muchos muy pequeños, como el ratoncito.

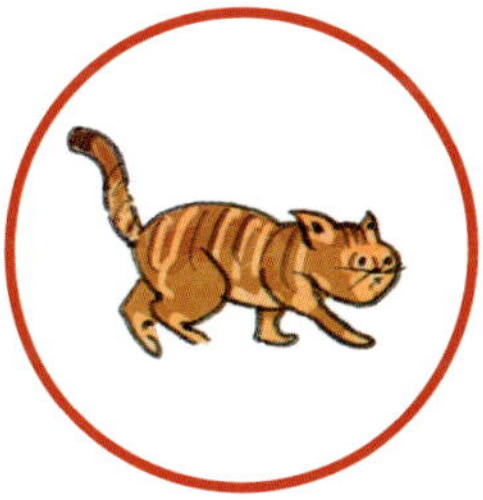

LAS PUERTAS DEL RATONCITO PÉREZ

En la visita conocerás que en Madrid hay otras puertas del Ratoncito Pérez como por ejemplo, una que está en el bordillo de la estación de metro Banco de España. Pídele a tu familia que te lleve a esta estación y buscad la puertecita. No está allí por casualidad: debajo de la plaza de Cibeles, justo al lado, están los pasadizos que llevan a los depósitos de oro del Banco de España y también, ¡a las cámaras acorazadas donde se guardan billetes y monedas! Porque, ¿de dónde crees que saca el Ratoncito Pérez esos billetes y monedas que deja cuando se lleva vuestro diente?

> CASA MUSEO DEL RATONCITO PÉREZ. C/ ARENAL 8, PLAN-TA 1. Mail: info@casamuseoratonperez.es. Tel: 91 522 69 68
◆ Metro: Sol.

■ La Cineteca de Matadero

Más info en

cinetecamadrid.com

Cuando hace frío apetece meterse en un cine, en este caso no te vamos a recomendar uno cualquiera sino la Cineteca de Matadero: allí no verás las películas más comerciales, esas que se anuncian por todas partes, sino que disfrutarás de cintas menos conocidas, también de los grandes clásicos del cine infantil, y además, en versión original subtitulada. Porque el mundo es muy grande en idiomas y también, en distintos tipos de cine. Las funciones tienen lugar los domingos por la mañana de enero a julio.

> **CINETECA EN FAMILIA | CINETECA**
◆ **Metro: Legazpi.**

■ Sé mosaísta por unas horas

Confieso que, junto con el Museo de Ciencias Naturales, este es mi segundo museo favorito de Madrid: el Arqueológico. Flipas con lo que hay dentro, es como una lección de historia a través de vitrinas y de millones de objetos: los romanos, los griegos y los que eran muy sabios porque adoraban a los gatos, ¡los

Más info en

www.man.es/man/
actividades/familias-
infantiles/vt-familias-
demayor.html

egipcios! Este minino se pasa horas y horas en este museo que, por supuesto, cuenta con actividades para familias. Por ejemplo, en los talleres *De mayor quiero ser…* puedes hacer piezas de cerámica o lo que es lo mismo, convertirte en alfarero. También tienen un taller para aprender a tejer y otro en el que serás durante unas horas un mosaísta. ¿Qué es esto? Son los confeccionaban los hermosos mosaicos romanos, esos puzles, algunos enormes, que se hacían con pequeñas piezas de roca o de cerámica que se llamaban teselas.

> **MUSEO ARQUEOLÓGICO. C/ SERRANO 13.**
◈ **Metro: Serrano.**

■ Conviértete en detective de las constelaciones

El Planetario es un espacio sensacional: hay proyecciones que puedes ver en una sala muy especial, hay exposiciones, un astronauta que te da la bienvenida y además, organizan distintos talleres entre febrero y junio, en fines de semana y días no lectivos. ¡Y son gratis! Nos gustó mucho el de Detective de las Constelaciones, donde nos enseñaron a reconocer y diferenciar estrellas de planetas, nos explicaron por qué las constelaciones tienen nombres como Osa Mayor, Casiopea u Orión. Y además, descubrimos Stellarium, una app que te permite tener el cielo en tu móvil (dile a tu familia que se la descargue, vais a flipar): con ella puedes ver, desde cualquier sitio, lo que hay en el cielo encima de ti… ¡incluso verás pasar los satélites, mola mazo!

Recomendación gatuna:

Si quieres seguir aprendiendo sobre el cielo te recomendamos el libro *Guía para observar el firmamento*, de Stuart Atkinson. Te encantará, aprenderás mil cosas y el prota del libro ¡también es un gato!

> PLANETARIO. AVDA DEL PLANETARIO, 16.
◈ Metro: Méndez Álvaro.

¡Vamos a construir casas!

¿Cuál es el lugar de tu casa que más te gusta? ¿Dónde juegas? ¿Tienes terraza? ¿De qué color son las paredes de tu habitación? A lo mejor nunca te has parado a pensar en la que casa que te gustaría tener o en el sitio donde sueles refugiarte cuando te sientes triste… Los arquitectos/as son aquellas personas que diseñan las ca-

Más info en

https://www.chiquitectos.com/

sas y edificios donde vivimos, ¿te gustaría jugar a ser arquitecto por unas horas y construir una cabaña, por ejemplo? Los talleres familiares de Chiquitectos son una pasada: durante aproximadamente hora y media te permiten dar rienda suelta a tu creatividad. Podrás, desde construir cabañas con palos de bambú y lanas a jugar en una casa hinchable gigante, pero hacen muchas otras cosas. ¡Es un plan miaulucinante!

■ ACTIVIDAD

¿Cuál de los planes de este capítulo te ha gustado más? ¿La visita al Planetario o quizás, acampar en el Museo de Ciencias Naturales? Te proponemos que unas los dos planes y que dibujes en esta hoja en blanco tu propia constelación que puede tener… ¡la forma del animal del museo que más te haya impresionado!

AVENTURA EN LA NATURALEZA: parques y zonas verdes

Las ciudades serían muy tristes si no tuvieran parques ni zonas verdes, no solo porque los michis (y también los humanos) no tendríamos otra cosa que ver que asfalto y cemento, sino porque el aire que respiramos sería peor ya que **toda esta naturaleza es... ¡el auténtico pulmón de la ciudad!**

Madrid tiene espacios verdes maravillosos que por supuesto hay que cuidar cuando los disfrutamos. Vamos, que te llevo de la mano para que los conozcas.

■ Lago de la Casa de Campo

Es una de las zonas verdes más grandes de la capital: 1.700 hectáreas. Los fines de semana se anima muchísimo, con ciclistas, corredores, los que van comer… La Casa de Campo tiene un lago, mucho mayor que el del parque El Retiro, y es un sitio estupendo para pasear, hacer un picnic con la familia o comer en alguna de las terrazas de los restaurantes con vistas al agua. El lago tiene barcas de remo y también se puede practicar piragüismo.

> CASA DE CAMPO.
◆ Metro: Casa de Campo.

◼ Parque El Capricho

En el norte de Madrid, en el barrio de Alameda de Osuna, hay un parque mucho menos masificado que los más famosos pero preciosísimo, parece el escenario de un cuento: se trata del parque El Capricho. Y se llama así porque fue el «capricho» de una duquesa, que lo mandó hacer así de bonito: un jardín señorial con unas construcciones chulísimas como El Casino de Baile (donde en su día se organizaban fiestas), El Embarcadero, la Casa de la Vieja.. Además bajo el parque hay un espacio muy singular: un búnker (es un sitio que se construye para proteger a la población de catástrofes o guerras). Este búnker, que puede ser visitado algunos días a través del programa «Pasea Madrid», fue utilizado durante la Guerra Civil española.

Más info en

https://www.esmadrid.com/
agenda/programa-visitas-
guiadas-pasea-madrid

> **JARDÍN HISTÓRICO EL CAPRICHO. PASEO ALAMEDA DE OSUNA, 25.**

◈ **Metro: El Capricho. Ojo: solo abre fines de semana y festivos.**

◼ Parque Quinta de los Molinos

Te cuento un secreto: este parque es mi favorito de Madrid. También está al norte de la ciudad, al lado de una de las calles más famosas y largas, la calle Alcalá, que tiene 10,5 kilómetros (recorrerla entera sería un paseo de lo más laaargo). En este parque hay un pequeño lago, puentes, una zona agrícola con árboles frutales y la zona de los almendros, que es la más famosa de todas porque cuando florecen (febrero/marzo, dependiendo del clima) es un auténtico espectáculo. Además, en el parque hay un espacio chulísimo, Espacio Abierto *https://espacioabiertoqm.com/* , con una cafetería y una ludoteca estupendas. Organizan muchísimos talleres a lo largo del año pero hay que ser rápidos porque ¡las entradas vuelan!

> **PARQUE QUINTA DE LOS MOLINOS.**
◈**Metro: Suances.**

■ Parque Fuente del Berro

Otro edén que además tiene unos huéspedes muy vistosos y sonoros: los pavos reales, que a menudo salen del parque y se pasean por las calles de al lado. En el parque, aparte de zonas infantiles de juego, hay pequeños estanques (con patos y peces), cascadas y un pequeño palacete donde suele haber exposiciones de pintura. Como todo parque que se precie por supuesto, también tiene mininos, tendrás que buscarlos entre los arbustos.

> PARQUE FUENTE DEL BERRO.
◈ Metro: O'Donnell.

■ Puentes colgantes y lianas para trepar en Madrid Río

En Madrid Río podrías pasarte todo el día haciendo actividades diferentes. Es un parque urbano de lo más molón: hay 17 zonas de juegos en las que puedes convertirte en un monito durante un rato, con sus lianas para trepar, los puentes colgantes, las hamacas, las telas de araña… Cada zona está indicada para una edad, ¡busca la tuya! Y en cuanto llega el calor la parte más demandada es la playa, con sus chorros de agua que disfrutan pequeños y mayores.

> MADRID RÍO.
◈ Metro: tienes varias estaciones que te dejan cerca. Príncipe Pío, Puerta del Ángel y Marqués de Vadillo son algunas.

Recomendación gatuna:

Un lugar para una buena foto: el puente de Segovia, con unas vistas impresionantes de la Catedral de la Almudena (la Almudena es la patrona de la ciudad), y el Palacio Real de Madrid.

■ Una enorme finca de olivos al lado del estadio Santiago Bernabéu

Este sitio es mágico: nadie diría que, en medio de un paisaje de torres y edificios de cemento, puede haber una finca de olivos tan grande. Y no solo olivos, ¡una vez vi ardillas! La Fundación Olivar de Castillejo está a pocos metros del estadio Santiago Bernabéu: tiene más de cien olivos centenarios (tienen más de 100 años) pero también hay almendros, retamas y romeros. Solo abre en verano y por las noches (a partir de las 19 horas), un poco antes de que comiencen los conciertos de música clásica al aire libre que organizan cada año.

> **FUNDACIÓN OLIVAR DE CASTILLEJO. C/ MENÉNDEZ PIDAL, 3BIS.**
◈ **Metro: Colombia o Cuzco.**

■ Más de 4.000 rosales en El Retiro

En el Retiro, que es donde se coge el único barco solar de la ciudad (página 22) siempre pasan cosas: hay títeres, magos, bailes, puedes hacer picnic… Hay una zona menos conocida y que en primavera merece un paseo, la Rosaleda, ¡tiene más de 4.000 rosales! No te puedes imaginar el aroma cuando están florecidos, ¡es una fiesta para la nariz! Esta parte está muy cerca de la famosa fuente del Ángel caído. Es un recinto más tranquilo que el resto del parque y muy bonito para hacer fotos.

> **EL RETIRO. PASEO DE URUGUAY Y FERNÁN NÚÑEZ (DENTRO DEL PARQUE).**
◈ **Metros: Ibiza, Retiro.**

Fuera de Madrid

■ Descubrir una cascada de 30 metros de altura

A pocos minutos de Buitrago de Lozoya (hablaremos más de este precioso pueblo más adelante), está la Chorrera de San Mamés, una cascada con más de 30 metros de caída situada al lado de un bosque precioso. La ruta es una maravilla, son 8 km de ida y vuelta por una pista bastante fácil, accesible para niños pequeños. La mejor época del año para ir es en época de lluvias porque así la cascada tendrá más agua: en verano no tendrá apenas y además la primera parte del trayecto, la más larga, será sin sombra y puede que haga mucho calor. Pista gastronómica interesante: al inicio del trayecto hay una quesería, Santo Mamés, donde puedes comprar quesos de cabra y oveja riquísimos. Ideales para picar después del paseo hasta la cascada.

> **CHORRERA DE SAN MAMÉS. SIERRA NORTE DE MADRID (NAVARREDONDA Y SAN MAMÉS).**

La Pedriza es un paraje natural al que los madrileños suelen ir en cuanto tienen ocasión: te impresionará por las impresionantes rocas que tiene (de ahí el nombre). Mucha gente de hecho va a hacer escalada. Tiene muchas rutas por las que hacer senderismo, algunas muy fáciles. Lo más adecuado es que dejéis el coche en el parking de la entrada del parque y que te dispongas a pasear disfrutando de la naturaleza. No olvides agua, gorra, crema solar y algún tentempié para renovar energías por el camino. Cerca del parque está el pueblo de Manzanares el Real, que cuenta con un castillo que puede visitarse.

Más info en

https://www.parquenacional
sierraguadarrama.es/

> **PARQUE NACIONAL DE LA SIERRA DE GUADARRAMA.**

■ ACTIVIDAD divertida: haz tu propio diario de campo

Ahora ya conoces las zonas verdes de Madrid, toca una actividad divertida, ¿te apetece hacer un diario de campo? Puedes elegir el formato que más te guste más grande o más pequeño, y llevarlo contigo en tu próxima visita a un parque.

Necesitarás un cuaderno de dibujo, una barra de pegamento, tijeras, lápices o rotus de colores.

Ve observando el campo y la flora que te vas encontrando: ojo, algunas plantas pinchan, como las ortigas o los cardos borriqueros (yo una vez me pinché la nariz y no veas qué daño). Pregunta a los adultos que te acompañan sobre las distintas flores y árboles. Puedes ir cogiendo hojas y tallos, mejor si se han caído que arrancarlos, y pegarlos en tu cuaderno. Otra opción si te gusta dibujar, es dibujarlos tú mismo/a y después, etiquetarlas con su nombre. Después en casa podéis buscar fotografías de esas mismas plantas, imprimirlas y pegarlas al cuaderno. ¡Imaginación al poder!

PLANES POR CERO EUROS:
divertirse y aprender es gratis

Tú solo has conocido el euro pero **antes en España había pesetas (y duros, que eran cinco pesetas) e incluso, reales…** Como soy gato viejo que ha recorrido muchos tejados, he conocido diferentes monedas y por eso sé que es importante ahorrar porque… **¡la pela es la pela!**

Hay mil planes que puedes hacer con tu familia y amigos y que son gratuitos. **¿Te parece imposible que haya planes gratis? Mira mira…**

■ Científicos locos y cine

Seguro que te suena la serie española La Casa de Papel. Mundialmente conocida, los primeros episodios se rodaron en el exterior del CSIC, el Centro Superior de Investigaciones Científicas y en ese patio exterior, frente al edificio, tiene lugar una actividad de lo más agradable en verano: el cine de verano del CSIC. Suele ser en julio, hay sesiones para adultos pero también para niños. Además, antes de la proyección, hay una charla de científicos que hablarán de la temática de la peli: a veces hacen volar cohetes (están un poco locos estos científicos), otras sacan robots que puedes ir a tocar… Es la mar de chulo y además, ¡regalan palomitas!

Más info en

https://www.csic.es/es

Más info en

https://www.csic.es/es/
agenda-del-csic/aprende-
ciencia-en-casa-con-el-csic-2

Recomendación gatuna:

En este enlace encontrarás un montón de recursos para seguir aprendiendo sobre ciencia de forma divertida, nada de rollazos.

> **CSIC. C/ SERRANO, 115.**
◆ **Metro: República Argentina.**

■ Telescopios a la calle

Si eres de los que le gusta mirar al cielo y te atraen las constelaciones, las nebulosas, los planetas y las estrellas, no puedes perderte esta actividad. Cada verano y en función de lo que el cielo permita, el Planetario saca 25 telescopios a la calle. Se suele hacer entre finales de junio, principios de julio y es una actividad gratuita: cualquiera puede acudir a mirar por el telescopio y allí estarán expertos para guiarte en tu exploración espacial. ¿Acaso no mola?

Pero aún hay más: de febrero a junio, el Planetario hace unos talleres de fin de semana y en días sin cole que son divertidísimos y en los que aprenderás mogollón: construirás cohetes, colocarás ma-

Más info en

https://planetmad.es/

quetas de planetas en función de su distancia con el sol, utilizarás telescopios, aprenderás a reconocer las constelaciones que pueden verse desde el cielo de Madrid… ¡un montón de actividades chulas!

> **PLANETARIO. AVDA DEL PLANETARIO, 16.**
◆ **Metro: Méndez Álvaro.**

Recomendación gatuna:

Si quieres tener el cielo en tu mano y ver dónde están los planetas, las estrellas e incluso los distintos satélites tienes que pedir a algún adulto de tu familia que se descargue la app Stellarium. ¡Cuidado que es adictiva!

■ Visitar el último frontón vasco de la capital

Madrid tuvo en su día muchísimos frontones de pelota vasca (un deporte que se jugaba mucho en el norte de España): hoy solo queda uno, el Beti Jai, expresión en euskera que significa siempre fiesta, porque allí se jugaba a la pelota pero sobre todo, aquello era una fiesta. Tras muchos años cerrado, ya se puede visitar este monumental edificio cuya cancha de juego te dejará sin aliento.

> **BETI JAI. MARQUÉS DE RISCAL, 7.**
Metro: Rubén Darío.

■ Tren gratis en el parque

El parque Juan Carlos I es uno de los más grandes de la capital y recorrerlo entero… ¡puede dejarte exhausto! Por eso existe un trenecito que lo recorre de punta a punta. El tren sale del paseo principal del parque, cerca de la ría (en esa ría se puede hacer piragüismo, por cierto), y de una escultura que representa una mano. El viaje dura media hora. También hay un servicio de préstamo gratuito de bicicletas: te las prestan una hora como máximo.

> **PARQUE JUAN CARLOS I. Glorieta SAR Don Juan de Borbón y Battemberg, 5.**
Metro: Feria de Madrid.

Más info en

https://www.
frontonbetijai.es/visita/

Más info en

https://www.madrid.es/
portales/munimadrid/es/
Inicio/Medio-ambiente/
Parques-y-jardines/
Informacion-detallada-del-
Parque-Juan-Carlos-I/?vgn
extoid=46c6d7c1426b3610
VgnVCM1000001d4a900a
RCRD&vgnextchannel=2
ba279ed268fe410VgnVCM
1000000b205a0aRCRD

Si viste la peli *Coco* (y si no, ¡ya estás tardando!), sabrás que en México el Día de Muertos es una gran fiesta: ponen altares a sus familiares y amigos que ya no están con mil colores, mucha comida, fotos, figuras… Es una forma de recordarles y seguir queriéndoles. Esos altares son preciosísimos, auténticas joyas, y en la Casa de México en la capital pueden

Más info en

https://www.casademexico.es/

verse porque siempre montan uno espectacular en los días previos a Halloween. La visita es gratuita pero conviene ser rápido porque las entradas se agotan rápido. También organizan muchos talleres para familias, algunos gratuitos, sobre juguetes, arte mexicano, etc.

> **CASA DE MÉXICO. C/ ALBERTO AGUILERA, 20.**
◆ **Metro: San Bernardo.**

■ Minerales, rocas y fósiles

Hace años, unos artesanos franceses, los hermanos Maumejean, hacían unas vidrieras preciosas (las vidrieras son como ventanas de miles de colores, puedes verlas por ejemplo en muchas iglesias y catedrales). Algunas de sus vidrieras adornan edificios de Madrid como el Banco de España, la cripta de la Catedral de La Almudena o el museo Geominero, que es nuestra siguiente parada en este paseo gatuno. Este museo, de entrada libre, aglutina importantes colecciones de minerales, rocas y fósiles llegados de todo el país y el interior del edificio es una belleza.

Más info en

https://www.igme.es/museo/

> **MUSEO GEOMINERO. C/ DE RÍO ROSAS, 23.**
◆ **Metro: Río Rosas.**

Una estación fantasma

Bajas unos escalones y de repente es como si estuvieras en el Madrid de los años cincuenta… ¡parece que te ha tocado la varita de Harry Potter! Esta antigua estación de metro, que dejó de utilizarse en 1966, es un museo subterráneo: la diseñó Antonio Palacios, un arquitecto gallego que también se encargó de uno de los edificios más espectaculares de Madrid, sede del Ayuntamiento, el Palacio Cibeles. La estación de Chamberí conserva los azulejos de la época y los anuncios publicitarios de los años 20. Y a lo mejor hay hasta ¡fantasmas!

Más info en

https://museosmetromadrid.
es/museos/estacion-
de-chamberi/

> **ESTACIÓN DE CHAMBERÍ. C/ LUCHANA, 36.**
◆ **Metro: Bilbao/Iglesia/Alonso Martínez.**

■ Cerro del Tío Pío

Dicen que es uno de los mejores miradores de la ciudad: este parque, conocido como el «De las 7 Tetas» (por la forma que tienen sus colinas), tiene diferentes alturas y pendientes. Es un sitio estupendo para un paseo, hacer un picnic o simplemente ir a disfrutar de las vistas (además tu vista de la ciudad será diferente según la colina en la que estés). ¿La mejor hora para ir? La del atardecer.

> **CERRO DEL TÍO PÍO. C/ BENJAMÍN PALENCIA, 2.**
◆ **Metro: Portazo/Buenos Aires.**

■ ¡Crea objetos con impresoras 3D!

¿A que mola pensar un diseño de cualquier objeto, poder imprimirlo y llevártelo a tu casa? Un marco de fotos, un llavero, un portalápices, una figura para las fiestas de Halloween.. ¡imaginación al poder y además, a cero euros! En este fabuloso taller de fabricación digital podrás aprender qué es la impresión 3D y crearás tu propio diseño. También te enseñan a imprimir con vinilos y si te animas podrás hacerte incluso camisetas únicas con tus propios diseños. Este taller gratuito tiene lugar todos los viernes de 17 a 19 horas en el Orange Digital Center. Solo tienes que apuntarte a través de su web *https:// www.orangedigitalcenter.org/*

> **ORANGE DIGITAL CENTER. CALLE SAN BERNARDO, 101.**
◆ **Metro: San Bernardo.**

Si eres fan del espacio y sueñas con ser astronauta, demuestra tus habilidades encontrando las siguientes palabras en esta sopa de letras espacial.

Palabras: planeta, satélite, nebulosa, constelación, estrella, Sol, Luna, Júpiter, Saturno, meteorito, Osa, Carro, Orión, Hércules.

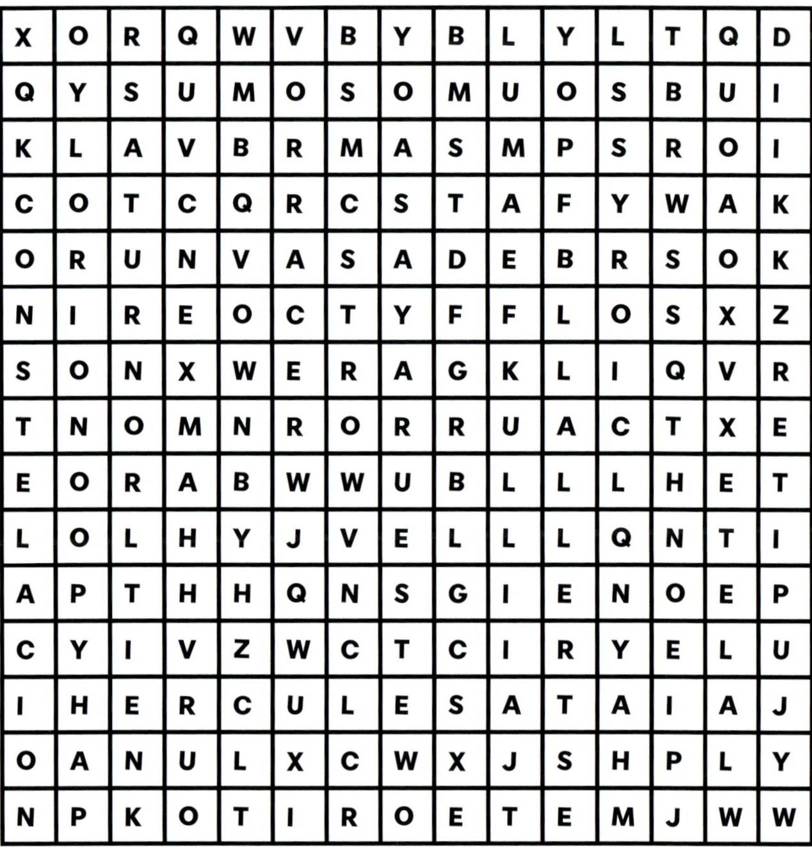

Atención: ZONA DE BICHOS

Nos encantan los animales, grandes o pequeños, que caminen o que vuelen. Y **en Madrid pueden verse más bichos de los que uno pueda imaginar**, de hecho, y como curiosidad, en un descampado cerca del barrio de Las Rosas hay montones de conejos que corretean de un lado para otro. ¿A que no lo sabías?

Pero más allá de este dato curioso, **te voy a dar una rutita de sitios chulos donde vas a ver animalillos: burros, aves o insectos...** ¡Venga, vamos!

El Jardín Botánico es uno de los más bonitos de Madrid: en primavera es una explosión de colores con las rosas, los tulipanes y las camelias florecidas. Y en otoño, es una preciosidad con los tonos marrones de esta estación. Además, tiene un invernadero y jardín tropical donde hay… ¡plantas carnívoras! A los gatos nos encantan los jardines, pero las plantas carnívoras no tanto.

El jardín es también una estación de anillamiento de aves. ¿Qué es esto? Un sitio (hay otros en la ciudad) donde hacen un control de las aves que pasan por allí o que tienen allí sus nidos. Seguro que alguna vez has visto un pajarito con una anilla en la pata: esto lo hacen los anilladores de pájaros, y en esa anilla hay información sobre el animalito.

Si te gustan los pájaros puedes apuntarte a su taller de anillamiento de aves. Tiene lugar los fines de semana y descubrirás un montón de cosas chulas sobre gorriones, urracas, mirlos, cotorras… Te contarán que el esqueleto del pájaro ya no crece cuando salen del nido, en qué tienes que fijarte para saber su edad y cómo se llama el hueso en el que se les pone la anilla. Y si tienes suerte, podréis capturar un pájaro en las redes colocadas para ello y podrás verlo de cerca mientras lo anillan, lo pesan, miden sus alas… Un taller muy chulo en el que aprender muchísimas cosas de los pajarillos. Niños a partir de 7 años. Duración: una hora y media. La actividad se lleva a cabo durante todo el año (salvo si llueve o hace mucho viento).

https://entradas.rjb.csic.es

Recomendación gatuna:

si quieres seguir aprendiendo sobre aves te recomiendo la película francesa *Volando juntos*, ¡te va a encantar!

> **REAL JARDÍN BOTÁNICO**
◆ **Metros: Atocha o Banco de España.**

■ Arañas, mariposas y escarabajos

¿Sabes que existen más de un millón de especies de insectos catalogados? Sin embargo, con el cambio climático, muchos están desapareciendo, seguro que has oído que las abejas por ejemplo, están en peligro. Y si los insectos lo están, ¡también lo están los seres humanos! De ahí la importancia de cuidarlos, ¡no podemos

Más info en

https://insectpark.es/

ir por la calle pisando hormigas! (vale, yo alguna vez me como una mosca, pero es sin querer).

Para aprender muchísimo de insectos puedes ir a InsectPark en el que podrás ver tanto especies vivas (mariposas…) como colecciones científicas de insectos de todo el mundo, algunos que dan bastante miedito como los milpiés gigantes, los escorpiones negros o los escarabajos rinocerontes… pero, ¿cómo es esto, una mezcla de escarabajo y rinoceronte? Qué loco, ¿no?

> INSECTPARK. M-600, KM. 5.800. ÁREA RECREATIVA EL TOMILLAR, SAN LORENZO DE EL ESCORIAL.

◼ Burritos por todas partes

Si te gustan los burros tienes que ir, sí o sí, a Burrolandia: es un espacio que lleva funcionando hace muchos años y que puso en marcha una protectora de animales. Las visitas son solo los domingos y hay dos turnos al día: es un espacio abierto donde podrás acercarte a los animales. No solo hay burros, también hay mulos, ponys, cabras, gallinas, ovejas… Podrás alimentar a los burritos con la comida que venden allí (no se les puede dar comida del exterior). Es gratuito y es una excursión totalmente recomendable para el fin de semana, sea invierno, otoño o primavera.. Si vas a ir en verano mejor en el primer turno de visitas (de 10 a 12 horas) porque en el segundo turno (de 12.30 a 14.30) puede que haga demasiado calor. Ojo: las entradas se encuentran en la web y es cierto que cuesta bastante conseguirlas porque desaparecen rápido.

Más info en

https://www.burrolandia.es/

> BURROLANDIA. TRES CANTOS DIRECCIÓN SOTO DE VIÑUELAS.

Empezamos el capítulo con las aves y terminamos de la misma forma, con un súper itinerario ornitológico (ornito qué???) por el parque Dehesa de la Villa. Un par de veces en verano, finales de agosto y septiembre sobre todo, el Centro de Información y Educación Ambiental de Dehesa de la Villa, CIEA, organiza recorridos ornitológicos para descubrir los pájaros que viven en el parque y que lo visitan en sus migraciones. La actividad es gratuita, está recomendada para niños a partir de 8 años y se recomienda llevar prismáticos. Dura unas dos horas.

> **PARQUE DEHESA DE LA VILLA (ACCESO POR C/ FRANCOS RODRÍGUEZ). Información y reservas: 91 480 21 41. Mail:** *infodehesa@ madrid.es*

TRAMPANTOJOS Y GRAFITIS: ruta por el Madrid artístico

En la ciudad tenemos pinacotecas (pinacoteca es sinónimo de museo) muy importantes, como **el museo del Prado, el Reina Sofía o el Thyssen-Bornemisza**. Pero hay arte mucho más allá de los museos, en pequeñas galerías o simplemente, en las calles: solo hay que ir muy atento, con los bigotes bien derechos, para encontrarlo.

A este gato le gusta mucho el arte y sus distintas expresiones, sean una rana gigante en la calle (en concreto puedes ver una en el Paseo de Recoletos, **se llama la Rana de la Fortuna, obra del artista Eladio de Mora, conocido como dEmo**) o unos murales en la pared de un edificio.

Si te vienes conmigo te enseñaré todo el arte que hay en las calles. **¿Te atreves o qué?**

▪ Conviértete en un grafitero por unas horas

No solo hay arte en los museos, ¡las calles están llenas! En este caso, de lo que se llama arte urbano: los artistas urbanos (en algunos casos también conocidos como grafiteros) crean sus obras en la calle, en las paredes de los edificios, las puertas de las cocheras, el suelo... ¡cualquier superficie les vale! Hay grandes artistas urbanos como uno muy famoso, que no se sabe quién es (le podríamos llamar el artista urbano MISTERIOSO) y que firma sus pinturas como Banksy. También están Gaia (americana); Jr (francés); Rudi Art (español)... hay muchísimos. En muchas obras de arte urbano se denuncian aspectos de la sociedad que no gustan como las guerras, la contaminación, la extinción de animales...

Hay un sitio, muy cerca de la Plaza de Colón, donde no solo podrás ver arte urbano en un lugar muy especial (un garaje de un palacete), sino que tú mismo podrás crear una obra. ¡Y gratis! Este planazo lo organiza la Fundación María Cristina Masaveu Peterson (siii, es un nombre muuuy largoooo). María Cristina fue una empresaria nacida en Asturias muy vinculada al mundo del arte: la sede de su fundación en Madrid se abrió en 2021 y tiene otras obras de arte aunque al que nos referimos se encuentra en el antiguo garaje del edificio (una pista, no te pierdas el ascensor).

¿Qué utiliza el graffitero?

A los dibujos y textos pintados en la calle, en lugares públicos, se les denomina *graffitis* y suelen ser muy coloridos: con rojos, azules, dorados, amarillo pollo fluorescente... Así se ven muy bien en la calle, es imposible no verlos cuando vas caminando. Para hacerlos, el artista utiliza unos botes de pintura que se llaman sprays. También utiliza las *stencils* (plantillas) para ir reproduciendo rápidamente dibujos concretos. Y lo más importante, se pone una mascarilla, una especial para utilizar este tipo de pinturas porque... ¡son muy tóxicas!

Por cierto, si quieres descubrir donde hay pinturas y murales de artistas urbanos en las calles de Madrid lo tienes en la página siguiente.

En este espacio pueden verse obras de Banksy (sí, el artista misterioso del que hablábamos), Keith Haring, Mario Mankey, Muelle, Sabek, El Rey de la Ruina... que pueden verse con visita guiada. Y no solo pueden verse las obras, ahí va el plan mega chulo: los sábados a las 11 horas ofrecen el taller gratuito «Pequeños Artistas Urbanos», dirigido a niños y niñas de entre 4 y 12 años. En esta visita se explicará la obra de los artistas y además te contarán cómo es el lenguaje del arte urbano: qué es un *tag* (la firma), *stencils* (las plantillas que usan para sus obras), etc. Y lo más guay: ¡podrás crear tu propia obra de arte urbano, utilizando distintos materiales, y llevártela a casa! El taller dura 90 minutos y te aseguramos que te lo pasarás bomba.

> **FUNDACIÓN MARÍA CRISTINA MASAVEU PETERSON. INFORMACIÓN Y RESERVAS: RESERVAS@FMCMP.COM**
◈ **Metro: Colón.**

En las calles hay mucho arte, sea en forma de grafiti, de mural o de trampantojo (un trampantojo es una obra que, como su nombre indica, nos engaña). Hay un trampantojo muy bonito en la plaza de los Carros (La Latina): a simple vista te costará saber cuál de las dos fachadas del edificio es la verdadera. Merece la pena echar un rato para encontrar la pintada: las personas que aparecen en los balcones falsos son además, vecinos del barrio. Otro trampantojo puedes verlo en la calle Sombrerete del barrio de Lavapiés, en la Casa de la Vela. Es un reloj de sol que ocupa toda la fachada y que por supuesto, da la hora.

En el barrio de Vallecas (allí donde tiene lugar la batalla naval de la que te hablamos en la página 90) puedes ver la obra RE-VS, Reversus, de Boa Mistura (calle Monte Perdido). En la calle González Soto, en el número 19, está uno de los murales más famosos del barrio: la imagen de Graciela, que se ha convertido en una de las vecinas más conocidas.

Recomendación gatuna:

Si quieres seguir trabajando el *street art* en casa, te recomendamos un juego de manualidades que está fenomenal. Se llama Magic Marbling Art y te permite crear cosas muy locas, tanto sobre papel como en camisetas, zapatillas. ¡Imaginación al poder!

Más al norte, en Tetuán, hay también una serie de murales de artistas dominicanos (en este barrio hay una importante población de este país), en la plaza de Leopoldo de Luis. En el barrio de Carabanchel, al que en los últimos años se han mudado muchos artistas, aparte de numerosas galerías podrás seguir viendo expresiones artísticas en las calles. Es cuestión de ir atento, con los ojos bien abiertos, porque cualquier rincón de la ciudad puede sorprenderte.

◼ Galerías que piensan en los peques

Hay galerías repartidas por toda la ciudad: las hay de escultura, otras de cuadros de señores muy serios, otras de cuadros muy coloristas porque el arte es así, ¡de lo más diverso! En la galería Río & Meñaka, cada vez que cambian de exposición (aproximadamente cada dos meses), organizan un taller para peques que tiene lugar los sábados por la mañana. Es la mar de creativo porque los niños que asisten se inspiran en las obras que tienen en ese momento para crear las suyas. ¿A que suena divertido?

Más info en

https://riomenaka.com/

▪ Talleres en el Thyssen

Todos los museos suelen tener actividades infantiles: al Michi Pichi le gustan sobre todo los talleres que organiza el museo Thyssen-Bornemisza, que tienen lugar los sábados y duran dos horas. Los hay de todo tipo y a lo largo de todo el año. Tienes más info en el teléfono 91.791.13.70.

> THYSSEN BORNEMISZA. PASEO DEL PRADO, 8
◆ Metro: Banco de España.

PLANES FUERA DE MADRID

En Madrid viven algo más de 3,3 millones de personas (sí, eso es mucha gente). **Los gatos no los hemos contado, pero seguro que somos numerosos también**. Pero la Comunidad, que agrupa la capital y otros municipios, es más grande: tiene más de 6,5 millones de habitantes. Hay ciudades y pueblos preciosos: Alcalá de

Henares, Aranjuez, Buitrago de Lozoya, Chinchón, Manzanares el Real, San Lorenzo de El Escorial... Vamos a dar una vuelta por los alrededores y a descubrir los planes que más molan.

■ ¿Qué animales vivían en Madrid hace 14 millones de años?

¿Te gusta la peli Tadeo Jones? ¿Sueñas con desenterrar fósiles o encontrar tesoros ocultos? Por unas horas podrás convertirte en todo un aventurero en el Yacimiento Paleontológico de Somosaguas. En septiembre hacen jornadas de puertas abiertas en las que te contarán qué es un fósil, descubrirás cómo era el paisaje de Madrid hace 14 millones de años y qué animales vivían entonces. Además, buscarás micro fósiles con lupas y ¡excavarás como un auténtico paleontólogo! Al final de la visita hay regalito. ¡Y el plan es gratis!!! Miaulucinante.

Más info en

www.instagram.com/
paleosomosaguas/

> **YACIMIENTO PALEONTOLÓGICO DE SOMOSAGUAS, POZUELO DE ALARCÓN.**

Esta no es la única posibilidad que tienes de descubrir fósiles: entre junio y septiembre hay otro programa didáctico para ver cómo es el proceso arqueológico de principio a fin, desde que se localiza el yacimiento (el sitio donde se encuentran los restos), hasta que se envían los materiales al museo. Lo puedes hacer de junio a septiembre en el yacimiento de La Cabilda (en Hoyo de Manzanares) y en el

Inscripción en Central de Reservas de la Dirección General de Patrimonio Cultural

actividadespatrimoniocm.es

Parque arqueológico ciudad romana de Complutum (en Alcalá de Henares). Un plan molón gratis, para familias con niños de entre 8 y 14 años.

■ Ciencia y tecnología por un tubo

Si te gustan los experimentos, construir robots y todo lo que tenga que ver con la ciencia, este es tu museo: el Muncyt, Museo Nacional de ciencia y tecnología es un espacio enorme dedicado a la investigación, la energía, la luz, los sentidos, la astronomía… Un lugar chulísimo, con muchos módulos interactivos para que te diviertas aprendiendo. De los museos que hay alrededor de Madrid sin duda, este es uno de los que más le gusta al Michi Pichi. Y por si fuera poco, ¡la entrada es gratis!

Más info en

https://muncyt.es/

> **MUNCYT, C/ PINTOR VELÁZQUEZ, 5. ALCOBENDAS.**

Recomendación gatuna:

Se me ocurren algunas películas para seguir fomentando tu amor por la ciencia. Está por ejemplo *Descubriendo a los Robinsons*, la maravillosa *Wall-E* y un gran clásico, *Regreso al Futuro*. ¡Haz palomitas y a disfrutar!

■ Tren y fresas

Hemos hablado ya del Museo del Ferrocarril (página 24): desde allí sale los fines
de semana de primavera y otoño el Tren
de la Fresa que fue el primer ferrocarril
de la Comunidad de Madrid. Se trata de
un precioso tren de madera con balconci-
llos (ojo, si sales a uno siempre acompañado de un adulto). La experiencia com-
bina el viaje en tren, con animaciones de

Más info en

https://trendelafresa.
es/index.asp

personajes vestidos de época, visita a Aranjuez y a su impresionante
Palacio Real, que parece de cuento y donde podrás ver hasta la cama
donde dormía la Reina. Hay diferentes posibilidades, algunas te
permiten coger el barco que va por el río Tajo, que cruza Aranjuez.
A nosotros nos gustó el tour Fresas con nata: a tu llegada a Aranjuez te recoge un chiquitren que te da una vuelta por la ciudad. En
el viaje de vuelta a Madrid te regalarán ricas fresas.

> **TREN DE LA FRESA. PASEO DELICIAS, 61.**
◆**Metro: Delicias.**

Hay más trenes divertidos en la Comunidad. Está el Tren de Cer-
vantes, que sale todos los sábados en distintos momentos del año:
se coge en Atocha hasta Alcalá y en el tren hay actores que van
interpretando las obras del escritor. Incluye visita teatralizada a la
localidad: > *https://www.turismoalcala.es/evento/tren-de-cervantes-2024/.*

Y uno más, en Arganda del Rey también tienen un tren que merece mucho la pena, es muy antiguo, de 1886. Suelen empezar en marzo. Más información aquí: > *https://www.vapormadrid.org/*

■ El museo del barbero de Picasso

El pintor Picasso tuvo un amigo que fue también su barbero y como se caían muy bien, el pintor empezó a regalarle pinturas y grabados. Eugenio, su barbero (Picasso era muy supersticioso y solo dejaba que fuese él quien le cortase el pelo), era de un pueblo de Madrid, Buitrago de Lozoya, que por cierto es precioso. Te aconsejamos esta visita para un fin de semana: visitas el pueblo y por supuesto, tienes que ir a este museo muy especial, es pequeñito pero contiene obras muy bonitas del artista.

Más info en

https://www.comunidad.
madrid/centros/museo-
picasso-coleccion-
eugenio-arias

> MUSEO PICASSO COLECCIÓN EUGENIO ARIAS. PLAZA DE PICASSO, 1. BUITRAGO DE LOZOYA.

■ Tírate por un tobogán gigante y déjate arrastrar en un río rápido

Piscinas con diferentes temperaturas, jacuzzi, chorros de agua, un tobogán gigante (y no, no estamos exagerando, es enorme) y hasta un río rápido que te arrastrará en un divertido circuito... Todo eso y mucho más lo tienes en el polideportivo Dehesa Boyal, en San Sebas-

Más info en

https://dehesaboyal.
aossasport.es/dehesa-boyal/

tián de los Reyes. Está en la parte cubierta pero en verano abren la zona exterior, con sitios para picnic y más piscinas. Un lujazo tanto en invierno como en verano.

> AOSSA SPORT. AVDA. NAVARRONDÁN, S/N. SAN SEBASTIÁN DE LOS REYES.

Conviértete en bombero o en piloto de avión por unas horas

Seguimos en San Sebastián de los Reyes, localidad que además suele tener parques infantiles la mar de chulos. En este caso queremos hablarte de Micropolix, una de las grandes atracciones que recibe a niños de todas partes de España. Es como una ciudad pero para niños: allí podrás probar a ser bombero, piloto de avión, comprarás en un supermercado (con tu propia moneda), conducirás coches, trabajarás en un hospital, de policía… En definitiva, ¡jugarás a ser como los mayores!

Más info en

https://micropolix.com/

> MICROPOLIX. SALVADOR DE MADARIAGA, SAN SEBASTIÁN DE LOS REYES.

¡A recoger fresas!

Y seguimos en la misma localidad porque allí puedes recoger fresas: en la finca ecológica Monjarama puedes ir a por fresas, tienes la opción de 1 kilo o medio kilo. Te dan una cesta y vas a recogerlas,

Más info en

https://monjarama.com/

la temporada arranca en mayo. Luego en otoño tienen la misma actividad pero con calabazas.

> VIVEROS MONJARAMA. CAMINO VIEJO DE BARAJAS, 4. SAN SEBASTIÁN DE LOS REYES.

La Torre Eiffel y la estatua de la Sirenita en Madrid

¿Quieres ver la Torre Eiffel o el puente de Londres sin salir de Madrid? Es posible verlos, y hasta un total de 18 monumentos europeos, en Parque Europa, uno de mis favoritos. Es grandísimo, prácticamente puedes pasar allí todo el día haciendo diferentes cosas: pasear, ver los monumentos, un picnic, o cualquiera de las diferentes actividades que se proponen (tirolina, la exposición La Mujer Gigante que es muy interesante…). En verano hay también un espectáculo de luz y sonido en la fuente. La entrada a Parque Europa es gratuita (la de las diferentes actividades como la tirolina u otras, no).

Más info en

https://parqueeuropa.
ayto-torrejon.es/

> PARQUE EUROPA. PASEO DE LOS CIPRESES S/N. TORREJÓN DE ARDOZ.

Esculturas en la naturaleza

Un sitio privilegiado en un pueblo algo alejado de la capital pero que merece el viaje: en Puebla de la Sierra está el Valle de los Sueños, un parque en el que contemplar esculturas situadas al aire libre. Hay un montón de obras que puedes ir descubriendo en el camino, algunas de ellas son impresionantes: hay una silla en la que podría sentarse un gigante. Un sitio hermoso donde se fusionan arte y naturaleza. El pueblo también tiene un museo de arte japonés.

> **PUEBLA DE LA SIERRA (SIERRA NORTE DE MADRID).**

■ Un tobogán de 8 metros de altura

Como ya hemos dicho en alguna ocasión, los gatos siempre vamos escalando, por eso nos encanta este parque de Tres Cantos: tiene un tobogán de 8 metros de altura, ¡no veas qué divertido es tirarse! Hay cinco zonas temáticas: la del salto (la pelota gigante es lo más), la de balanceo, la trepa, la de toboganes y la zona del agua para que te refresques después de darlo todo en los juegos. La zona de la red es la que más me gusta a mí.

> **METROPOLITAN PARK «LA CIUDAD DE LOS NIÑOS». AVDA. DE ESPAÑA. TRES CANTOS.**

■ El parque urbano más grande de Europa

El parque urbano más grande de Europa está en Leganés, y es tan alucinante que incluso se ha llevado premios. Tiene un castillo de 10 metros de altura, puentes, zonas de escalada, camas elásticas, pizarras para dibujar e incluso, ¡una tirolina de 32 metros de distancia! Y como el anterior de Tres Cantos, ¡es gratis!

■ Adrenalina a tope

Y terminamos este capítulo con más tirolinas: si lo tuyo son las emociones fuertes y no temes a las alturas, no puedes dejar pasar este fantástico que tiene 7 circuitos de aventura, más de 100 juegos en los árboles (te sentirás como un mono) y ¡33 tirolinas! Los circuitos están orientados a distintas edades, con diferentes complejidades. Si te gustan las alturas y gritar, no lo dudes, tienes que venir. Si vas en verano tienes además muy cerca las piscinas naturales de la Dehesa de las Berceas y la piscina municipal de Pelayos de la Presa.

Más info en

https://aventura-amazonia.com/

> **AVENTURA AMAZONIA. EN LA COMUNIDAD HAY DOS PARQUES, EN CERCEDILLA Y EN PELAYOS DE LA PRESA.**

■ ¡Vamos a jugar!

Cuando era un minino pequeño, una de las actividades que más me gustaba hacer era unir los números para descubrir al final cuál era el dibujo que salía. Así que te voy a proponer que vayas uniendo los números para ver qué animal sale. Una pista: el bicho en cuestión tiene que ver con alguna de las actividades que te hemos propuesto en este capítulo.

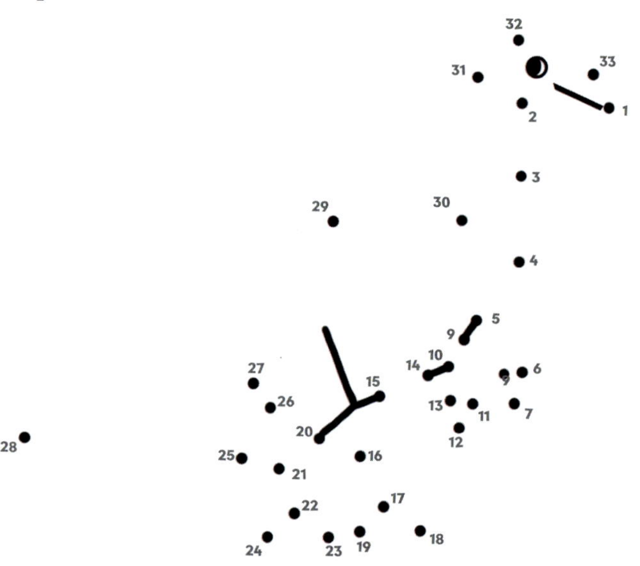

¡ÑAM ÑAM!
Dónde merendar, comer, cenar... rico rico

Como vamos a hablar de comer, **arranquemos con chistes de comidas**. ¿Qué le diría un tomate a una pera? Oye tú, espera, que tengo que decirte algo… Y la pera respondería: después me lo dices, ahora tómate tu tiempo.

Tengo más: van dos tomates por la carretera y le dice uno al otro: oye, cuidado que viene un CHOFFFF. Ja ja ja… A mí me hace mucha gracia pero venga, vale, a lo mejor no son los mejores chistes del mundo porque los gatos somos grandes equilibristas pero cómicos…

Voy a contarte dónde comer ricos churros en Madrid y en qué pastelería venden el mejor Roscón de Reyes. O cuál es el restaurante donde puedes pedirte unos huevos de avestruz o ese otro local donde comerás sentado en un columpio. Y, ¿sabes dónde hacen las hamburguesas más deliciosas? ¿O unas auténticas tortitas americanas con huevo Kinder? Seguro que te estás relamiendo los bigotes…

Antes de llevarte de paseo gastronómico, te cuento los platos típicos de Madrid. Por supuesto está el cocido madrileño que para tomar en invierno, cuando hace frío, genial, pero en verano, y con los más de 40 grados de la capital.. te puede dar un patatús (ojo, que hay valientes que lo toman). **Se come en el mismo orden que en otros lugares de España: primero la sopa, luego el garbanzo y las verduras, y finalmente, la carne.** Hay sitios míticos donde tomarlo y que en invierno siempre están llenos: Lhardy, La Bola, La Rayúa, La Cruz Blanca…

Otra comida castiza es el bocata de calamares. ¿Qué por qué calamares si no tenemos playa? Pues no lo sé, he indagado en esta cuestión, preguntado de esquina en esquina y ningún otro minino ha podido aclarármelo: el caso es que a partir del año 1950 parece que se empezó a popularizar este bocata. Una experiencia de experto/a en Madrid es tomarse uno en los bares cercanos a la Plaza Mayor.

Y después hay otros platillos típicos que se encuentran sobre todo en las verbenas de mayo y agosto, aunque también los hay en algunos bares y restaurantes: los entresijos y las gallinejas. ¿Qué es esto? Pues las gallinejas son las tripas del cordero, el intestino delgado vaya. Y los entresijos es la misma parte del cuerpo pero de la ternera.

Y de postres, las rosquillas de San Isidro, las listas (que llevan glaseado de azúcar encima) y las tontas (que no llevan). Y los barquillos que ya vendían los barquilleros (vendedores ambulantes) a finales del siglo XIX al grito de «Al rico barquillo de canela para el nena y la nena» o «Son de coco y valen poco, son de menta y alimentan». Los barquilleros llevan unas carretas muy bonitas y si tienes suerte puedes verlos cerca de la Plaza Mayor o en el parque de El Retiro.

Venga, vamos a comer ya, que pasear da mucha hambre. Empecemos por los desayunos.

■ A los ricos churros y otros dulces

Que levante la mano a quien le gusten los churros (o las porras). En la ciudad hay mucha tradición de tomar churros, en el desayuno o en la merienda. Están las churrerías muy famosas del centro, siempre con mucho público, pero cada barrio suele tener una churrería o incluso dos: te aconsejamos que elijas mejor las de barrio porque siempre tienen menos gente, al no estar tan céntricas. Este gato va mucho a la churrería Las Farolas: por las tardes está muy animada, entre las familias que van a merendar y los abueletes. El chocolate está de muerte, y los churros y porras, ¡también!

Al otro lado de Madrid, en la calle Embajadores 74, también me gustan mucho los churros y las porras de Fórmula Nieto's. El chocolate, riquísimo *https://www.formulanietos.es/* . Metro: Embajadores.

Si eres más de dulce, tienes que probar la palmera de chocolate de la pastelería Madreamiga, *https://www.madreamiga.com* tienes varias en la ciudad), que lleva chocolate con crema, crema de Gianduja y chocolate blanco entre otros ingredientes: en cuanto la pruebes comprenderás por qué la recomiendo. En las pastelerías Mallorca *https://www.pasteleria-mallorca.com*, también con varios locales por la ciudad, todo está rico: los *croissants*, la *sakuskina* (es una rosquilla frita), las napolitanas… Uno de sus dulces que nos gusta mucho y que solo tienen para Halloween es el Pan de Muerto, un dulce mexicano que está que te mueres (nunca mejor dicho). También hay que probar sus torrijas en Semana Santa.

Si sales del centro, me gusta todo lo que hacen en Horno La Gloria (*https://www.hornolagloria.es* barrio La Elipa): la bollería, los panes.. pero si por algo se forman colas kilométricas en su puerta en Navidades es por su Roscón de Reyes: para este michi es el mejor de Madrid.

■ Huevos de avestruz y columpios

¿Alguna vez te has planteado cómo saben los huevos de avestruz y de emú? ¿Y unos fingers de carne de cocodrilo? En este pequeño restaurante del barrio de Vallecas podrás probar carnes exóticas (gacela, impala, antílope, búfalo) y enterarte de que un huevo de avestruz equivale a unos 20- 24 de gallina, ¿menudo huevo, verdad? Con un huevo, comen cuatro personas. Te aconsejamos reservar.

> **BAR MACARENA. PUERTO DE PAJARES, 5.**
◈ **Metro: Nueva Numancia.**

Otra dirección original, sobre todo porque te sentirás como si estuvieses dentro del circo, es La Morenilla: hay una mesa incluso en la que puedes comer sentado en un columpio y otra en la que una jirafa te mira desde la ventaja. Es un sitio lleno de fantasía que te encantará.

> **LA MORENILLA, C/ CARACAS, 21.**
◈ **Metro: Rubén Darío.**

¿Te gusta el sushi? ¿La comida japonesa en general? Como decíamos, en Madrid casi nadie es gato, hay muchísima gente de fuera y por eso también hay gran variedad de comida de otros países. Si te gusta la comida japonesa tienes que ir al que es mi restaurante favorito, Kintaro: fue uno de los primeros de la capital en tener barra deslizante (eso es, la comida va pasando en barras al lado de la mesa y tú coges lo que más te gusta). Se come muy bien, es económico y el lugar es muy colorido, con peces colgando del techo.

> **KINTARO. C/ FERNÁNDEZ DE LA HOZ, 70.**
Metro: Gregorio Marañón.

Otra dirección muy chula, fuera de la capital, es Vistas Reales, un restaurante en plena naturaleza que tiene granja clásica (patos, gallinas, conejos, wallabies), aves rapaces, loros, reptiles, caballos… Los fines de semana y festivos podréis disfrutar de los animalillos: si vais a cenar, hacen senda nocturna con linternas para descubrir a los animales. ¡Muy chulo!

> **RESTAURANTES VISTAS REALES. CAÑADA DE LOS RAN-CAJALES. SOTO DEL REAL.**

■ Meriendas pintonas y deliciosas

Si quieres merendar en un sitio de ensueño, que parece el escenario de un cuento mágico y con una vajilla de lo más chula, tienes que ir con tu familia y amigos a Bloom: sus tartas caseras están exquisitas, pero también tienen gofres, muchos helados, brownie…

> **BLOOM. C/ ALBERTO AGUILERA, 54.**
Metro: Argüelles.

Y para las mejores tortitas de la capital (ojo, que quizás no te las acabes porque son enormes), las de la hamburguesería americana Kricky Pelton: la masa está espectacular y te las sirven con Nutella e incluso con huevo Kinder. ¡Me relamo!

> **KRICKY PELTON. MODESTO LAFUENTE, 61.**
Metro: Nuevos Ministerios

En mayo, en las fiestas de San Isidro, los gatos y gatas, vayan o no vestidos de chulapos y chulapas, se toman sus rosquillas, sus barquillos y una riquísima limonada para refrescarse. ¿Te apetece preparar una en casa? Como no hemos dejado de hablar de comida en este capítulo, vamos a proponerte que hagas una rica bebida que va con todo.

Para la limonada solo necesitas limones, agua y azúcar. Por ejemplo, coges 1 litro de agua, 200 ml de zumo de limón exprimido (calcula entre 4 y 6 limones) y unos 80 gramos de azúcar (esto lo puedes variar según te guste más dulce o más ácido).

Para sacar mejor el zumo a los limones, te aconsejo que los pongas un poquito (unos 15 segundos) en el microondas, así se calientan y soltarán más zumo. Exprímelos, añade el zumo al agua. Añade después el azúcar y mezcla todo muy bien. Puedes meterlo en la nevera o servir con hielos. Las hojas de menta y las rodajas de limón le van bien para decorar. ¡A disfrutar!

—*200 ml de zumo de limón exprimido (4-6 limones)*
—*1 l de agua*
—*80 g de azúcar (podéis variar la cantidad a vuestro gusto)*

CALENDARIO:
Fiestas y festivales que no puedes perderte

Siempre hay algo divertido que hacer en Madrid, cada día de la semana: es una ciudad efervescente, con mucha vida. Prácticamente cada mes hay fiestas en cada uno de los barrios, pero hay determinadas fechas que no debes perderte: ¡ahí van!

■ **ENERO:** hace frío pero hay una cita ineludible con… **¡los Reyes Magos!** Están las cabalgatas de los barrios, cada distrito suele tener una, que suele ser el 4 de enero por la tarde. Y además, está la súper Cabalgata que baja por el Paseo de la Castellana hasta la Plaza de Cibeles: la puedes ver por la tele pero es tradición de madrileños y también turistas, ir a verla en directo… hay quien pasa toda la tarde allí para coger sitio. Si vas, no olvides llevar ropa de abrigo (gorro, guantes y bufanda son imprescindibles), y un termo con chocolate caliente.

Más info en

https://madrid.
intercontinental.com/es/

Recomendación gatuna:

Súper planazo para ver la Cabalgata sin pasar frío y tomándote un trozo de roscón: el hotel Intercontinental, situado en el número 49 del Paseo de la Castellana, alquila sus habitaciones con ventanas directamente al paseo. Muchas familias se ponen de acuerdo para alquilarlas entre varios, así sale más económico. ¡Y así puedes esperar a sus Majestades al resguardo del frío!

■ **FEBRERO:** el **Carnaval** se celebra en muchas partes del planeta y por supuesto, Madrid no iba a ser menos. Hay desfiles y fiestas por muchos barrios: aprovecha y disfrázate a lo loco. Además, en el barrio de Usera hay una cita muy especial: el **Año Nuevo Chino**. Tiene lugar allí porque es donde viven muchos asiáticos. Suele haber muchas actividades gratuitas, relacionadas con la cultura china, pero una de las atracciones más espectaculares es el desfile: ¡hay hasta dragones! No puedes perdértelo.

■ **MAYO:** el mes de los gatos. En Madrid es fiesta el 2 y el 15 de mayo. El 2 de mayo se celebra el **día de la Comunidad** y el 15 festejamos el patrón de la ciudad, **San Isidro**: los días previos ya se pueden comprar rosquillas (las hay tontas y listas porque las listas llevan glaseado de azúcar y las tontas no llevan nada), y se oye el chotis por la ciudad. El 15 de mayo, los gatos y gatas se echan a la calle (los de cuatro patas y los de dos), vestidos de chulapos y chulapas, y se va a la pradera de San Isidro, a las Vistillas, a la verbena… ellas con sus mantones y ellos con sus parpusas (te contábamos qué es una parpusa en la página 16). ¡Es una fiesta divertidísima!

■ **JUNIO:** en los primeros días tiene lugar la gran cita de los amantes de la lectura, la **Feria del Libro**, que se instala en el parque de El Retiro y en la que se organizan muchísimas actividades gratuitas para niños. A finales de junio, primeros de julio, hay otra fiesta muy colorida, que tiene en el barrio de Chueca su epicentro y cuenta hasta con Cabalgata: las fiestas el Orgullo.

■ **JULIO:** en Madrid no tenemos playa, vaya vaya, pero sí hay una cofradía marinera, la que organiza la **Batalla Naval de Vallekas**, un planazo al que hay que acudir con pistola (o pistolón) de agua, muchas ganas de reír y de mojarse. Llevan muchos años organizándola, tanto es

Más info en

https://batallanavalvk.com/

así que algunas de las calles por las que pasa el barco (hay un barco, has leído bien) han sido rebautizadas por los organizadores. La calle Monteperdido por ejemplo, se llama Ponte perdido.

■ **AGOSTO:** uno de los meses más bonitos para disfrutar de Madrid porque hay menos gente, menos atascos y ya no hace tanto calor como en julio. Este mes se celebran las **fiestas de San Cayetano y de La Paloma**. Las calles de La Latina y de Lavapiés se engalanan, hay limonada, puestos de comida y verbenas.

■ **OCTUBRE:** a finales de mes miles de ovejas toman por unas horas las principales calles de la capital. Es la llamada **fiesta de la Transhumancia**: es impresionante ver cómo las calles, habitualmente ocupadas por coches, son ocupadas por las ovejas y sus pastores. Chulísimo.

■ **NOVIEMBRE:** el 9 es la fiesta de la Virgen de la Almudena. En las pastelerías suelen vender la **Corona de la Almudena** que se parece al Roscón de Reyes que llegará unas semanas después. A finales de mes hay otra cita especial en el centro: el alumbrado de las luces de Navidad.

■ **DICIEMBRE:** levanta la mano si te gusta mucho este mes. ¡Cómo no va a gustarte si incluso a los gatos nos gusta, porque llega la Navidad y podemos reptar por el árbol o revolver las figuras del Belén! Las posibilidades en estas fechas son muchísimas: la ruta de los Belenes, conciertos, mercadillos (es muy famoso el de la Plaza Mayor)… A mí me gusta especialmente la **pista de Hielo de Matadero** porque puedes patinar a gusto porque es muuuy grande; también voy al **Parque de la Navidad de Torrejón de Ardoz**. Si puedes, ve entre semana y evita los fines de semana y festivos: es muy grande y precioso, pero ¡se llena! Por la noche es mágico, con todas las luces brillando.

Más info en

https:// parquemagicasnavidades.es/

Y como colofón de la magia navideña, compra entradas para el **espectáculo de Navidad del Circo Price**: es una de las tradiciones de mi familia gatuna. Siempre vamos, cada año la función es diferente, son números clásicos de circo, con artistas de todo el mundo: trapecistas, funambulistas, payasos, contorsionistas.. Viendo algunos números te quedarás sin aliento.

Más info en

https://www. teatrocircoprice.es/

Mis dibujos de MADRID:

¡Aprovecha estas páginas del libro para pintar tus propios dibujos de las visitas y paseos que hagas siguiendo esta guía!